ÉTUDES

SUR

LES COLLECTIONS DU MOYEN AGE,

DE LA RENAISSANCE

ET DES TEMPS MODERNES

AU MUSÉE DU LOUVRE

PAR LOUIS COURAJOD

ATTACHÉ AU MUSÉE DU LOUVRE

PARIS
H. CHAMPION, LIBRAIRE
15, QUAI MALAQUAIS, 15

1878

ÉTUDES

SUR

LES COLLECTIONS DU MOYEN AGE,

DE LA RENAISSANCE

ET DES TEMPS MODERNES

AU MUSÉE DU LOUVRE

PAR LOUIS COURAJOD

ATTACHÉ AU MUSÉE DU LOUVRE

PARIS

H. CHAMPION, LIBRAIRE

15, QUAI MALAQUAIS, 15

1878

LA FONTAINE DE DIANE A FONTAINEBLEAU

ET SON AUTEUR

Après bien des vicissitudes, les divers éléments dont se composait jadis, à Fontainebleau, un important monument de la Renaissance française, vont se trouver réunis dans le musée du Louvre. Le hasard qui, plus que la prévoyance humaine, a miraculeusement sauvé cette œuvre d'art et en rapprochera les fragments si longtemps dispersés, a livré en même temps le nom de son auteur, resté jusqu'à ce jour inconnu.

Tous les amis de la Renaissance, tous les lecteurs assidus du P. Dan se souviendront de ce passage du *Trésor des Merveilles de Fontainebleau.* (Livre II, p. 174) :

« De la fontaine de la Diane. »

« Au milieu de ce jardin (celui de la Reine) est une belle fontaine que le feu roy (Henri IV) y a fait dresser avec un grand bassin rond, dans lequel est élevé sur un haut piédestal une riche statue de bronze de cinq pieds de haut, représentant une Diane : celle-cy a esté moulée sur l'original de marbre qui estoit en ce mesme lieu et jardin ; et que Henry le Grand, faisant édifier cette fontaine, a fait transporter à Paris au cabinet et salle des Antiques du Louvre.... Au bas de cette statue sont quatre grands chiens de bronze, aux quatre coins de son piedestal. »

Une planche, gravée par Abraham Bosse, nous a conservé une image exacte de la fontaine de Diane et des bronzes qui la décoraient.

Les quatre chiens, dont parle le P. Dan et qu'a gravés Abraham Bosse, existent encore. Après avoir été égarés, de 1816 à 1850 et 1872 dans les jardins de Saint-Cloud, ils sont exposés au complet, en ce moment, dans le musée du Louvre, sous les numéros 161, 162, 162 *bis,* 162 *ter* [1], sans attribution d'auteur. Ils sont placés près de l'une des fenêtres de la salle des Anguier.

Quant à la Diane de bronze, fondue pour Henri IV, elle passe aujourd'hui pour être à Fontainebleau. En effet, apportée de cette maison royale à Paris pendant la Révolution, déposée dans le jardin de l'Infante [2],

---

[1] De la dernière édition du *Catalogue des sculptures de la Renaissance.*

[2] *Séance du Conservatoire du Muséum du 19 brumaire an III.* — « Un membre propose et le Conservatoire arrête qu'à la suite du rapport qui doit être fait au comité d'instruction publique..... il sera proposé au susdit comité d'utiliser le jardin du Muséum en y plaçant les différents bronzes moulés sur l'antique qui vont être transportés de Fontainebleau et ceux qu'on pourra recueillir soit dans les différents dépôts, soit dans les maisons d'émigrés ou de condamnés. »

Il s'agit bien ici du jardin de l'Infante, comme on le voit par elle fut longtemps placée — elle ou plutôt un de ses *sosies* — dans le jardin des Tuileries, sur la terrasse du bord de l'eau, et, en 1813, on crut [1] la renvoyer à sa première destination en rendant à la fontaine de Fontainebleau une *Diane à la biche*, en bronze, absolument semblable à celle qu'on en avait retirée. Mais, comme on va le voir, une étrange substitution avait eu lieu dans les magasins où se trouvaient déjà la fonte jetée sous XIV par les Keller [2], rapportée de Marly en 1794, et plusieurs autres reproductions du même chef-d'œuvre antique.

cet extrait de la séance du 3 frimaire an III : « La section d'architecture présente un plan du jardin ci-devant de l'Infante avec l'indication des places où pourront être placées des statues. »

[1] *Lettre adressée à Denon, directeur des musées.*

Paris, le 9 novembre 1813.
Monsieur le baron,

M. l'intendant des bâtiments de la couronne vient de me rendre compte des changements qui ont été faits dernièrement parmi les statues qui décoraient le jardin des Tuileries. Je crois devoir vous donner connaissance de ces changements pour vous mettre à même de désigner d'une manière précise dans l'inventaire la nouvelle destination qui a été donnée à plusieurs de ces statues et les nouveaux emplacements qu'elles occupent actuellement.

La Diane en bronze qui était placée sur la terrasse du bord de l'eau avait été enlevée du palais de Fontainebleau où elle ornait la fontaine du jardin particulier de Sa Majesté. Cette fontaine ayant été achevée, il devenait nécessaire de la décorer et il a été jugé convenable et plus économique de rendre la Diane en bronze à sa première destination.

DUC DE CADORE.

[2] Piganiol de la Force. *Nouvelles descriptions des châteaux et parcs de Versailles et de Marly.* 1764, tome 2, p. 293.

Jeudi dernier, M. Barbet de Jouy me fit l'honneur de m'emmener à Ruel pour prendre livraison avec lui de diverses pièces de sculpture réclamées par la direction des beaux-arts, et que l'aliénation prochaine de La Malmaison va faire rentrer dans les musées et les magasins de l'Etat. Parmi les objets très-judicieusement réservés par M. Barbet de Jouy, on remarque une fonte ancienne et superbe de la *Diane à la biche*. L'auteur des *Fontes de Primatice* avait, mieux que personne, compris toute la valeur de cette statue. Comme tout le monde, je croyais l'exemplaire original reporté à Fontainebleau [1]. Et cependant, ainsi qu'il

[1] C'était une erreur; j'en suis maintenant convaincu. En effet, à leur arrivée de Fontainebleau, les bronzes d'après l'antique furent rangés dans le jardin de l'Infante et c'est là, qu'en avril 1801, Percier et Fontaine vinrent chercher la Diane pour la conduire à La Malmaison. En voici la preuve :

« Paris, le 19 germinal, an 9 de la République.
« *Le ministre de l'intérieur à l'administration du musée central.*

» Parmi les statues que vous proposez pour être placées momentanément à La Malmaison, je vous préviens, citoyens, que j'ai choisi le groupe d'Hippomène et Atalante et celui de l'Amour et Psyché. Vous pouvez y joindre l'Apollon et la *Diane en bronze*, qui sont dans le jardin de l'Infante.

» Quant aux deux groupes des Thuileries, il ne faudra en disposer que lorsqu'ils auront été remplacés par les statues de Ménars que vous attendez. S'il se trouvait dans votre dépôt un plus grand nombre de vases, je vous invite à les joindre aux deux en marbre indiqués dans votre note. Au reste, vous pourrez vous concerter avec les citoyens Percier et Fontaine, architectes du Premier Consul. Ils sont sans doute chargés de faire transporter ces divers objets à La Malmaison. — Je vous salue, CHAPTAL. »

P. S. — Si l'administration peut disposer d'un plus grand nombre de bronzes, je l'autorise à les placer à La Malmaison.

était facile de s'en convaincre, nous étions en face d'un bronze de la Renaissance. L'explication ne se fit pas longtemps attendre, car on pouvait lire sur le tronc d'arbre qui soutient la biche, en chiffres très-petits, mais profondément gravés au burin, la date de 1602.

Cette date correspond parfaitement à l'époque où Henri IV fit transporter à Paris la Diane en marbre et où, d'après le P. Dan, il en fit exécuter pour Fontainebleau une copie coulée en bronze. Cette fonte est donc, bien certainement, la statue commandée par Henri IV.

Mais ce n'est pas tout ce que peut apprendre l'inspection attentive de cette figure. Le P. Dan n'en a pas nommé l'auteur. Or, le bronze, sous forme d'une énigme bien facile à pénétrer, est prêt à nous révéler ce nouveau secret. Au-dessus de la date 1602, on lit les lettres B. P., qu'on ne saurait hésiter à traduire par *Barthélemy Prieur*, quand on sait, d'autre part, que ce sculpteur fut chargé de restaurer pour Henri IV la statue antique de Diane, en marbre blanc, possédée par la France depuis François Ier, [1].

Ainsi la fonte exécutée pour Fontainebleau, par ordre d'Henri IV, est à La Malmaison; dans huit jours elle sera au Louvre. Elle date de 1602 ; elle est due à Barthélemy Prieur. En rapprochant de cette figure

---

[1] Sauval, *Histoires et Recherches des antiquités de la ville de Paris*, tome II, p. 43. — W. Fröhner, *Notice de la sculpture antique du musée du Louvre*, p. 124. — Ch. Ravaisson-Mollien, *La Critique des sculptures antiques au musée du Louvre*, p. 23.

les quatre chiens déjà exposés et qu'on peut, sans trop de témérité, attribuer au même sculpteur, on aura reconstitué, à peu de chose près, un remarquable monument de Fontainebleau et l'œuvre très-intéressante d'un artiste français de la Renaissance.

2 février 1877.

UNE SCULPTURE DE PAOLO BERNINI

AU MUSÉE DU LOUVRE

On remarque dans la salle de la cheminée de Bruges un petit bas-relief ovale de travail italien, d'un faire assez pauvre, datant évidemment du XVIIe siècle et représentant l'Enfant Jésus jouant avec le clou qui doit lui percer la main. Il n'a jamais été porté au catalogue du musée, quoiqu'il doive être arrivé au Louvre depuis assez longtemps. Rien ne serait à regretter si ce bas-relief n'avait pas une histoire et s'il n'émanait pas d'un artiste dont le nom fut célèbre. On connaît, grâce aux spirituels mémoires de Charles Perrault, les tribulations du cavalier Bernin, mandé à Paris par Louis XIV pour construire le Louvre et tombé au milieu des cabales organisées par les artistes français qui le forcèrent à repasser les monts. Perrault nous apprend que le Bernin vint en France avec son fils, mais il ne nous dit pas que celui-ci ait été employé par la Cour. Il le fut cependant et on doit regarder le bas-relief de la salle de la cheminée de Bruges comme une des traces de son passage à Paris et comme une œuvre authentique de sa main.

En effet, Du Metz, *intendant et contreroolleur général des meubles de la couronne*, qu'on avait chargé, nous fait savoir Perrault (*Mémoires*, liv. II, p. 76), de loger et de meubler princièrement le père et le fils à l'hôtel de Frontenac, Du Metz connaissait bien les deux Bernin et les particularités de leur séjour à Paris. Or ce même Du Metz dit, dans l'inventaire du garde meuble fait et arrêté par lui le 10 mars 1684 :

N° 53. — Un bas-relief de marbre blanc, en ovale, représentant un petit christ à demi-couché, méditant la passion, dans une bordure de bois doré. Le dit bas-relief, long de deux pieds, fait par le fils du Cavalier Bernin. (Inventaire du garde meuble de la couronne aux Archives nationales O' 3333.)

C'est absolument la description de notre bas-relief qui est encore dans sa vieille bordure dorée. Le fils du Bernin s'appelait Paolo.

L'existence de cette sculpture de Paolo Bernini a été d'autre part constatée par Baldinucci qui, dans sa *Vita del cavaliere Bernino* (Notizie dei professori del designo. Milano 1812, tome XIV, p. 105.) s'exprime ainsi : « Parti dunque il Bernino di Parigi con Paolo suo figliolo, di mano del quale rimase la figura d'un Cristo in fanciullesca età scolpito in marmo, in atto di provare a forarsi con una spina una mano. »

PORTRAIT DU GRAND CONDÉ AU MUSÉE DU LOUVRE

PAR ANTOINE COYZEVOX

Quand on entre, au Musée du Louvre, dans la salle des Anguier, on remarque, à gauche, un admirable bronze représentant, en buste, Louis II de Bourbon dit « le grand Condé. » Cette vivante et vibrante image du vainqueur de Rocroy est manifestement postérieure à tous les ouvrages de sculpture qui l'entourent. Elle date évidemment, par son style, de la fin du xviie siècle. Si on regarde attentivement la puissance et la souplesse du modelé, l'intelligence qui rayonne de ce front, la vie qui palpite sous ce masque énergique ; si on étudie la manière large et profondément personnelle qui a disposé la chevelure [1], je devrais dire la crinière de ce lion, et drapé le torse de ce héros, on ne peut hésiter un seul instant à recon-

---

[1] Aucun sculpteur n'a traité avec autant de légèreté que Coyzevox les lourdes perruques du temps de Louis XIV. C'est à la manière dont les cheveux sont rendus qu'on peut assez facilement reconnaître ses ouvrages.

naître dans ce portrait la griffe d'un maître et la main de Coyzevox. Je suis donc persuadé depuis longtemps que le buste n° 171 de la *Description des sculptures de la Renaissance* est une œuvre indiscutable du célèbre sculpteur lyonnais [1].

Mais les preuves sur lesquelles s'appuyait cette conviction ne sont pas faciles à établir. Je devais nécessairement rencontrer des incrédules. Ce genre de démonstration résultant de la comparaison du style n'est pas de nature à convaincre tout le monde. D'un autre côté, on ne doit pas oublier combien il faut être sobre de ces attributions de sentiment qui ne se fondent pas sur des documents positifs. Ce sont elles qui, faites au hasard par des ignorants, ont embrouillé toute l'histoire de la sculpture française et nous ont légué tant de ridicules traditions. Je cherchai donc à légitimer mon opinion par des preuves extrinsèques. Cette pièce est arrivée au Musée à la suite des événements de la Révolution et des confiscations opérées sur les émigrés. Elle provenait de l'hôtel de Conty, car on lit dans un document manuscrit des archives du Louvre intitulé : *Objets d'art provenant des émigrés et autres, extraits du ministère des finances le 26 thermidor an VIII :* « ... Conty [2], *idem*, le

---

[1] Cette opinion n'était pas dépourvue d'ailleurs de quelques arguments archéologiques. Par exemple, la cuirasse de Condé porte les griffons affrontés que Coyzevox était complu à reproduire sur la cuirasse du Louis XIV de l'Hôtel-de-Ville et sur la cuirasse de la statue équestre commandée par les États de Bretagne.

[2] Ce nom indique la provenance.

buste du grand Condé, en bronze, 200 l. [1]. » Malheureusement il ne me fut pas possible de remonter au delà et de poursuivre l'œuvre jusque dans les mains de son auteur. Les livres, absolument muets sur cette sculpture, ne pouvaient m'être non plus d'aucun secours [2]. Cependant, confiant dans la justesse de mon impression première, j'attendis de l'avenir la confirmation de mon pressentiment. Le hasard vient de me la fournir.

Il y a quelques jours, le catalogue d'une collection très-intéressante de documents historiques, — dont la vente aura lieu le 5 mars prochain, — fut distribué par M. Menu, libraire à Paris.

Dans le lot coté sous le numéro 265, se trouve la mention d'un payement fait par un prince de Conty, à Coyzevox, pour un buste en bronze du grand Condé. J'ai obtenu de l'obligeance de M. Menu la permission de transcrire la pièce. Elle faisait partie, ainsi que tout le dossier, sous le nom de « *doubles de l'année 88,* » de copies de la comptabilité de la maison de Bourbon-Conty. Elle est d'une écriture de la fin du xviie siècle. La voici :

MÉMOIRE *d'un buste de feu Monseigneur le Prince de Condé, fondu en bronze sous la conduite de M. Mansart,*

---

[1] Ce chiffre indique l'évaluation.

[2] Tous les biographes d'Antoine Coysevox ont répété, d'après Fermelhuis (*Éloge funèbre de M. Coysevox*. Paris, Collombat, 1721, in-8º, p. 34), que ce sculpteur avait fait un buste du prince de Condé, mais aucun n'a décrit l'œuvre ; aucun n'a même dit si elle était en marbre ou en bronze.

premier architech (sic) *de Sa Majesté, et posé dans l'hostel de Conty par ordre de M. de la Chapelle, intendant de S. A. S. Monseigneur le prince de Conty, par Cozvox, sculpteur en l'année 1688.*

« Pour avoir fait le model et fourny la cire, fait mousler, pour touttes les ustencilles, et avoir fondu en bronze, rendu, posé, fait et parfait en la place qui luy a esté ordonnée, pour ce , ... 1.600 l.
« Plus, pour un escablon, composé de sa baze, corniche et ravallement de marbre gris vaisné, enrichy d'un panneau de marbre de plusieurs couleurs, et pour la fourniture des crampons, marbre et touttes ustancilles . . . .   200 l.
« J'estime que le tout, c'est-à-dire le buste et le escabellon, peut valoir seize cents livre.

       « *Signé* : Mansart. »

« Il est ordonné au sieur Bauger, trésorier général de notre Maison, de payer à Cozvox, sculpteur, la somme de seize cents livres pour un buste en bronze de feu M. le Prince, nostre oncle, qu'il a fait pour nous et, en rapportant la présente ordonnance avec quittance dudit Cozvox, ladite somme de 1.600 livres sera allouée à notre trésorier en la dépense de ses comptes de la présente année.
« Fait à Paris ce 21 septembre 1688.

    « Signé : François-Louis de Bourbon.

« J'ai receu de M. Jouvenet, pintre du Roy et professeur de l'Académie royalle de peinture et sculpture, la somme de seize cens livres contenu (*sic*) en ordonnance de S. A. S. Monseigneur le Prince de Conty, au bas du mémoire de l'autre part, et, à l'effet, par ledit sieur Jouvenet, de s'en faire payer par S. A., je le subroge en mes droits et actions, pour raison de ladite somme de seize cent livres.
« Fait à Paris ce 12 may 1689.

      « Signé Coyzev[o]x.

« Je reconnais que S. A. Monseigneur le Prince de Conty m'a payé des seize cent livres contenus (*sic*) en l'ordonnance cy-dessus en un contrat de constitution que Sa dite Altesse Sérénissime m'a passé devant M⁰ Lange et son confrère, notaire[s] à Paris ce jourd'hui vingt-unième may 1689.

Signé : Jouvenet. »

On ne peut plus douter maintenant. Le buste de Condé est l'œuvre de Coyzevox. Cette belle sculpture n'a rien à perdre à cette honorable paternité et reçoit un nom certain en échange de quelques années d'une antériorité problématique. Pour être à sa place, Condé n'a qu'à traverser la cour du Louvre, en compagnie de son contemporain Michel Le Tellier [1] et à s'installer dans la salle de Coyzevox. Ils doivent bien tous deux cet hommage à l'artiste qui leur a donné, dans le bronze, une immortalité plastique. Sur le haut piédestal, d'où il semble présider ses nombreux ouvrages, le vieux sculpteur les attend et les accueillera de son sourire de marbre. Ce ne sont pas, en effet, les moins glorieux enfants de son génie qui rentreront si tardivement au logis paternel.

(Extrait de la *Chronique des Arts* du 3 mars 1877).

[1] Voyez la *Gazette des Beaux-Arts*, octobre 1876.

UN PORTRAIT DU CHANCELIER PIERRE SÉGUIER

AU MUSÉE DU LOUVRE, PAR G. LÉONARD HÉRARD

Quand, au rez-de-chaussée du musée du Louvre, on passe de la salle de Puget dans celle de Coyzevox, on remarque près de la porte, à droite, un buste colossal en marbre blanc. Bien qu'exposé depuis plus de cinquante ans, cet ouvrage, sur l'origine et l'identité duquel plane encore la plus grande obscurité, n'a pas été compris dans les deux dernières éditions du catalogue des sculptures modernes. Il ne paraîtra peut-être pas sans intérêt d'en indiquer l'auteur et d'en nommer l'original.

A première vue, le portrait est celui d'un magistrat revêtu de son costume officiel et des insignes de l'ordre du Saint-Esprit. Les dimensions de l'œuvre indiquent, chez son auteur, les intentions d'une sorte de glorification posthume et tendent évidemment à l'apothéose du modèle. Nous sommes donc en face d'un personnage incontestablement très-important. D'un autre côté, sous l'ancien régime et à cette époque surtout, le cordon du Saint-Esprit n'était pas prodigué à la magistrature. Les plus hauts dignitaires de l'ordre judiciaire, les chanceliers presque seuls pouvaient aspirer à cet honneur. Les premières présomptions doivent donc porter à croire que le personnage a été chancelier de France, et, comme l'œuvre appartient certainement au XVIIe siècle, le premier effort à tenter consiste à confronter successivement avec notre buste la physionomie des magistrats qui, de 1600 à 1700, ont occupé, en France, le poste de chancelier. L'épreuve est, du premier coup, concluante. Le buste rappelle et ne peut rappeler que les traits de Pierre Séguier, mais non pas tels que la postérité les a reçus et adoptés d'après de nombreuses gravures de Moncornet, N. Picart, Desrochers, Mellan (1639), Michel Lasne (1643), Grégoire Huret (1er type), Humbelot, Lenfant (1655), Daret, etc.[1] Ce n'est pas la tête énergique du terrible justicier de la Normandie, du

[1] Pour avoir une liste plus complète des portraits gravés de Pierre Séguier, il faut consulter le tome IV du P. Lelong, édition F. de Fontette. Les très-nombreux portraits du chancelier peuvent tous se ramener à trois types principaux :

1º Type du magistrat à la barbiche retroussée dont nous avons énuméré ci-dessus les principales reproductions et dont l'estampe de Mellan est, en général, le point de départ ;

2º Type du Séguier engraissé, tête à la mode Louis XIV, petite moustache et mouche, tel qu'il a été fixé par Lebrun et reproduit par Nanteuil en 1667, une première fois par Larmessin en 1661, une première fois par Van Schuppen en 1662, et enfin par Jacques Lubin, pour les *Hommes illustres* de Perrault ;

3º Type du vieillard, au visage imberbe, conservé par la seconde estampe de Van Schuppen et par deux nouvelles planches l'une de Grégoire Huret et l'autre de Larmessin.

vigoureux agent de Richelieu et de Mazarin, de l'homme à la barbiche caractéristique, au rogue aspect de parlementaire. C'est le Séguier vieilli dans les honneurs, béatement épanoui par le succès, confit dans sa vanité et sa « grandeur » comme l'a dépeint Tallemant des Réaux [1], le Séguier à la face complétement rasée, au masque alourdi et ravagé par l'âge, tel que nous le fait déjà pressentir l'estampe de Van Schuppen datée de 1668. C'est le magistrat émérite, protecteur des lettres et des arts. Les proportions colossales et les conventions inséparables de tout portrait officiel ou monumental, les prétentions visibles d'un artiste qui se guinde et vise au style grandiose, ont encore altéré le type laissé par Van Schuppen qui, lui-même, différait déjà sensiblement de la figure historiquement acceptée du chancelier. Voilà pourquoi un personnage de cette célébrité a pu être aussi longtemps méconnu.

Si maintenant on veut essayer de connaître *a priori* l'école à laquelle appartient cette œuvre et nommer approximativement l'atelier d'où elle est sortie, on peut arriver assez facilement à formuler une opinion très-vraisemblable. Cette sculpture vide et pompeuse, au modelé ronflant, aux procédés sans individualité, aux rides poncives, trahit le goût de l'Académie dans ce qu'il a de moins bon. C'est un portrait traité en « noble tête de vieillard » par un praticien habile, qui

---

[1] *Historiettes*, édition de Monmerqué et P. Paris, 1854, tome III, p. 385 et suiv.

veut montrer tout ce qu'il sait faire et qui est lourd croyant être grand. On devine encore, dans ce marbre, un travail entrepris sur commande officielle, exécuté loin de la nature, peut-être rétrospectivement. En un mot, on se sent en présence d'une œuvre académique du XVIIe siècle, et on peut dire que son auteur, s'il avait du talent et de la facilité, n'a pas prouvé par ce buste qu'il eût une originalité puissante.

Cette double conclusion est absolument confirmée par les faits qui résultent d'une enquête approfondie et de l'étude des provenances. Le marbre portait, dans l'inventaire de la Restauration, le numéro 2,163. Il était déclaré œuvre de Coyzevox et regardé comme le portrait de Le Tellier, marquis de Louvois. Il fut exposé dans la galerie d'Angoulême, en 1824, et ainsi décrit dans le catalogue du comte de Clarac : « N° 20. Michel Le Tellier, marquis de Louvois, buste en marbre. Hauteur, 724 m. Ce buste n'offre rien de remarquable et il est assez grossièrement travaillé. » Plus tard, l'erreur commise fut en partie reconnue par Clarac ou par ses continuateurs et, sous le numéro 3,554, dans la planche 1120 du *Musée de sculpture* (atlas, tome VI ; texte, tome VI ; p. 209 et 217), on restitua au buste méconnu son vrai nom de Pierre Séguier. Mais, en le gravant, on lui donna comme auteur Jacques Sarrazin. Cette nouvelle erreur était déjà traditionnelle.

La pièce venait en effet des Petits Augustins et, depuis 1810, Lenoir l'avait ainsi cataloguée :

« N° 232. — Buste colossal en marbre blanc de

— 19 —

Pierre Séguier, né à Paris en 1588, etc. Il mourut chancelier de France en 1672, à l'âge de 84 ans, etc. Ce beau buste, de la main de Sarrazin, mérite d'être remarqué par la finesse de l'expression et la pureté du travail. »

Nous n'avons pas à nous occuper de l'attribution toute hypothétique et toute gratuite que Lenoir a faite de ce buste à Sarrazin. Nous avons déjà parlé ailleurs de la manie qu'avait Lenoir d'attribuer à Sarrazin toutes les œuvres du XVIIe siècle dont il ignorait les origines [1]. Mais il est très-important de constater que, dans une longue note communiquée en 1810 à Lenoir par « M. Séguier, président du tribunal d'appel [2] », le portrait de Pierre Séguier fut reconnu par sa famille qui avait à sa disposition, comme l'établit cette note, de nombreux éléments d'information.

Lenoir n'a pas indiqué, dans son catalogue imprimé, la provenance du buste n° 232. Mais il a réparé cette omission dans ses notes manuscrites [3]. Le marbre venait de la salle des Antiques, au Louvre. La négligence de Lenoir n'avait, après tout, aucune importance ; elle n'aurait pas même pu nous faire perdre la piste de l'objet que nous poursuivons, ni retarder long-

---

[1] *Gazette des Beaux-Arts*, octobre 1876, 2e période tome XIV, p. 328.

[2] Cette note est imprimée dans l'édition de 1810 du Catalogue du Musée des Monuments français.

[3] « N° 232. — De la salle des antiques. — Buste colossal en marbre blanc de Pierre Séguier, garde des sceaux, mort chancelier de France en 1672 à l'âge de 84 ans, sculpté par Jacques Sarrazin. »

temps la découverte de la vérité. D'où pouvait donc provenir vraisemblablement un buste de Séguier ? Evidemment des salles de l'Académie de peinture et sculpture, au vieux Louvre, où sa place, comme souvenir d'un long protectorat, était non pas seulement naturelle, mais, on peut le dire, nécessaire. C'est là, en effet, que la présence de la sculpture fut signalée « le 19 frimaire de l'an II de la République une et indivisible » dans un « inventaire des tableaux... des marbres, bronzes, terres-cuites, plâtres et autres objets divers trouvés dans les salles de la ci-devant Académie. »

Dès maintenant, notre preuve est faite. On n'a plus qu'à ouvrir la *Description de l'Académie* par Guérin (Paris, 1715), et on saura tout ce qu'on peut désirer connaître en y lisant, page 51 : « Portrait de M. le chancelier Séguier, en buste de 3 pieds 1/2 de haut » — remarquons les dimensions — « par M. HERRARD, qui en a fait présent à l'Académie. » La déclaration de Guérin, toujours si bien informé, se trouve encore confirmée dans les *Mémoires inédits sur les membres de l'Académie royale* (tome I, p. 238).

Herrard ou mieux Hérard, sculpteur et graveur en médailles, dont, suivant Guérin (*Description de l'Académie*, p. 104), les prénoms étaient « Jean-Léonard » et « Gérard-Léonard » suivant MM. de Chennevières, de Montaiglon et Daudet (*Archives de l'art français*, tome II, p. 372) confirmés dans leur opinion par Zani (*Encyclop.* X. 366.) et par le texte de l'acte de décès de sa veuve (Piot; — Herluison, *Actes de l'état civil d'artistes français*), naquit à Liége (Belgique). L'indication du lieu de sa naissance m'est fournie par des notes manuscrites, tracées en marge d'un exemplaire du Guérin, que je possède, et qui ont été rédigées par un membre de l'Académie de peinture vivant au milieu du xviii° siècle. Hérard fut reçu académicien le 16 octobre 1670 (*Procès-verbaux de l'Académie*, tome 1, p. 348, 353) sur la présentation d'un médaillon en marbre représentant Saint-Jacques (*Archives de l'art français*, II, 372.), aujourd'hui à l'église Notre-Dame de Versailles (*Gazette des Beaux-Arts*, 2ᵉ période, tome XIII, p. 669), et, ajoutent MM. de Chennevières, de Montaiglon et Daudet, sur la remise du portrait du chancelier Séguier. Ce dernier fait, très-vraisemblable, du reste, n'a pas encore été établi par les *Procès-verbaux de l'Académie* : Guérin ne parle que d'un simple don sans indiquer, pour le buste, la circonstance de la présentation académique. Hérard mourut le 8 novembre 1675, âgé de 45 ans. Il y a accord, sur la date de son décès, entre les différentes autorités citées plus haut.

(Extrait de la *Chronique des Arts* du 16 juin 1877).

FIN.

Péronne. — Imprimerie TRÉPANT, Grande Place, 19.

OUVRAGES DU MÊME AUTEUR

Les Sépultures des Plantagenets à Fontevrault. 1re édition. Paris, 1867. Grand in-8.
Deuxième édition publiée en appendice au livre intitulé : *Gabrielle de Rochechouard de Mortemart, abbesse de Fontevrault,* par M. Pierre Clément. Paris, 1869. In-8° et in-18.
Recherches sur l'histoire de l'industrie dans la vallée du Surmelin. Epernay, 1868. In-8°.
Lettres sur la restauration de la Flèche d'Orbais. Epernay, 1869. In-8° de 29 p., 3 pl.
Le Monasticon Gallicanum. Etudes iconographiques sur la topographie ecclésiastique de la France. Paris, 1869. In-fol.
Le Livre-Journal de Duvaux, précédé d'une étude sur le goût et le commerce des objets d'art au milieu du xviiie siècle, publié pour la Société des Bibliophiles français. Paris, 1873. 2 volumes in-8°.
L'Ecole royale des élèves protégés, précédée d'une étude sur le caractère de l'enseignement de l'art français aux différentes époques de son histoire et suivie de documents sur l'école gratuite de dessin fondée par Bachelier. Paris, 1874. In-8.
Les Estampes attribuées à Bramante, aux points de vue iconographique et architectonique (en collaboration avec M. Henri de Geymüller). Paris, 1874. In-8°.
Les Armoiries des comtes de Champagne au xiiie siècle. Paris, 1874. In-8°.
L'Exposition rétrospective de Milan. Paris, 1875. In-8.
Une Statue de Louis XV, exécutée par J.-B. Lemoyne, pour la ville de Rouen. Paris, 1875. In-8.
Un Email de Léonard Limosin, au Musée du Louvre. Paris, 1875. In-8°.
L'Inscription de Suizy-le-Franc. Paris, 1875. In-8°.
Un Bas-relief de Mino da Fiesole, au Musée du Louvre. Paris, 1876. In-8°.
Le Pavage de l'église d'Orbais (Marne). Paris, 1876. In-8°.
Sculptures de Gérard Van Obstal, conservées au Musée du Louvre. Paris, 1876.
Un Portrait de Michel Le Tellier, au Musée du Louvre. Paris, 1876. In-8°.
Conjectures à propos du buste en marbre de Béatrix d'Este conservé au Musée du Louvre, suivies d'études sur les connaissances botaniques de Léonard de Vinci, par M. Charles Ravaisson-Mollien.
Les Collections d'objets d'art de la Malmaison. Extrait du *Bulletin de la Société des Antiquaires de France.*
Notice sur un faux portrait de Philibert Delorme. 1877. In-8°.

www.ingramcontent.com/pod-product-compliance
Lightning Source LLC
Chambersburg PA
CBHW060625050426
42451CB00012B/2431